생각은
꽃처럼
아름답다

시(詩)터지기

오기수

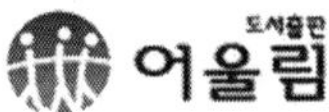

생각은
꽃처럼
아름답다

시(詩)터지기

오기수

시인의 말

오늘도
시(詩)터를
별빛으로 쓸고
달빛으로 닦아
꽃병 대신 시(詩)로 수를 놓는다

찾아온
글손님이

영혼 없는 영혼 속에서
공간 없는 공간 속에서
느낌 없는 느낌 속에서

세파로
힘들고
지칠 때

어여쁜 쉼을 마시고
고요한 쉼을 누리며
묵묵한 쉼을 얻도록

글향기 피어오르는

시(詩)로

온기 가득한 쉼을 나눈다

이 시는 졸저의 시 「시(詩)터의 쉼」 본문입니다.
온갖 세파로 힘들고 지칠 때 부족하지만 저의 시를 읽고 온기 가득한 '쉼'을 나누어 가졌으면 합니다.

그때까지 저는 시(詩)터를 지키는 '시터지기'로
글향기 나는 마당쇠가 되도록 부단히 노력하겠습니다.

그리고 이 시집이 빛을 볼 수 있도록 수고해 주신 출판사 보림에스앤피 편집부 직원과 대표님께 감사드리며, 늘 기도해 준 가족과 당신 손점례 권사에게 이 시집을 바칩니다.

감사합니다.

시(詩)터지기 **오기수**

목 차

목 차

제2부 여름길 : 아침 햇살보다 더 짧은 젊음에게 **51**

목 차

목 차

목 차

제1부

봄길

민들레꽃 되신 어머니

목련꽃에게

가진 것을 허무하게 만든 겨울
더 이상 잃을 것 없는
메마른 가지들

이파리를 뿌리에 감추고
정말 아무것도 없이, 꽃피운
목련꽃은
젊음이 메고 가야 할 아름다움이다

푸르름이 무성한 흐름
더 이상 바랄 것 없는
넉넉한 가지들

뿌리를 기억하지 못한
이파리로 꽉 찬
목련은
눈길 없는
발자국 없는
그림자들만이 한가로운
삶의 뒤안길이다

꽃의 사랑

한 몸이지만
한 몸이 아닌 듯
꽃의 사랑은 은하수보다 멀고 멀다

나비는
긴 다리를 놓아
꽃의 사랑을 접속시킨다

꽃의 사랑은
입맞춤 한번
포옹 한번
흥분 한번 없다

바람은
느낌 없는
꽃의 사랑이 애처로워
살포시 흔들어 준다

생각은 꽃처럼 아름답다

생각은
꽃처럼 아름답다

꽃을 찾는
벌과 나비의 생각은
날갯짓처럼 자유롭다

생각이 같아
함께하고
생각이 달라
미워하면

벌과 나비의
날갯짓은
영원히,
별빛 너머로 사라진다

숨 쉬는 것보다 더 아름다운 것

어쩌다 한 번쯤은
숨 쉬는 공기가 너무나 소중한

호흡이 있는 나에게
호흡이 있는 너에게

세상에
우리들이
숨 쉬는 것보다
더 아름다운 것이 있을까요

세상에
우리들이
숨 쉬는 것보다
더 보배로운 것이 있을까요

그건
바로
우리들의 호흡에
나비처럼 사뿐히 내려앉은
사랑입니다

언제까지 꽃을 피워야 할까

나는
언제까지
꽃을 피워야 할까

사슴은
언제까지
뿔이 자랄지 생각하지 않네

연어는
언제까지
강물을 거슬러 오를지 생각하지 않네

기러기는
언제까지
먼 길을 가야 할지 생각하지 않네

사자는
언제까지
무리와 함께 살 수 있을지 생각하지 않네

나는
언제까지를
언제까지 생각해야 할까

손은 마음의 시작입니다

오늘
하루
만나는 사람들에게

손을
모아
기도해 주세요

손을
꼭 잡고
용기를 주세요

손을
다정히
흔들어 주세요

제발
손가락을
세우지 말아 주세요

손은
마음의
시작입니다

민들레꽃 되신 어머니

노오란 수건 쓰시고
그 색이
햇살에 지칠 때까지

허리에 목을 고이 감추시며
밭을 매시던
어머니

어느덧
푸석해진 흰머리 날리며

노을 깔린 신작로에 나와
도회지로 간 자식 그리워
소맷자락으로 눈물 지우시던
어머니

이제는
연지곤지 지운
민들레꽃 홀씨 되어

꿈 없는 꿈
길 없는 길을 떠나신
어머니
어머니……

어머니와 삼일 밤

어머니
당신이 하늘의 별이 되는 날
저는
우주의 고아가 되었습니다

그젯밤에는
별들이 소곤대는 소리를 들었습니다
'제는 엄마가 없대'
'아니야!'
놀라 소리치니 꿈이었습니다

지난밤에는
당신이 두레박 타고 내려와
은하수로 하얗게 센 제 머리를 빗겨주셨습니다
애타게 손을 잡으려다 꿈에서 깨었습니다
그래도 기뻤습니다

오늘밤에는
먼저, 제가 당신의 꿈속에 들어가
그 먼 별나라로 가시지 못하게
꼭 붙잡겠습니다
그리고 꿈에서 깨어나지 않겠습니다
어머니

그 사람을 정말 사랑한다면

그 사람을
정말 사랑한다면

그 사람에게
투정하고
미운소리 내고
토라져도
꼭 이 말만은
끝까지 하지 마세요

우리 헤어져……

그러면 영원히
그 사람을
사랑할 수 있습니다

그 사람을
정말 사랑한다면

봄을 앞서려다

성마르고
설레발치고
앞서가는 것이
인생살이다

하지만
서릿발 감추고
잔설 녹이고
굼뜨게 찾아오는 것이
봄이다

설익은 봄
겨우내 입었던 외투를
미련스럽게 팽개치고
들뜬 마음으로 나들이 한다

집으로 돌아오기 전
벌써 코끝에 봄물이 흐른다
이부자리 속에서 불덩이가 된다

그렇게
인생살이는
늘
봄을 앞서려다
호된 꾸지람을 당한다

당신에게

천 겁의 인연으로
동백꽃 피는 맵고 매서운 동짓달
함박눈 뿌려 주는 하늘의 축복 속에
하이얀 면사포 쓰고
당신은
나의 고운 아내가 되었습니다

바람 한 가닥 비켜설 수 없는
단칸방 비좁은 부엌에서
연탄불에 양은솥 된장국 끓여
낭군 따순밥 먹이려
애쓰고 애쓴 당신

비가 오나 눈이 오나
하루도 거르지 않고
출근하는 남편 배웅하려
주인집 눈치 보며
대문 밖까지 따라나선 당신

하늘의 축복으로
우리에게 온 아이들
세탁기는 고사하고 짤순이도 없이
추운 겨울 호호 불며 기저귀 손빨래해도
입술 한 번 굳게 다물지 않은 당신

이제는
목련꽃보다 더 희어진 머리 곱게 빗고
자나 깨나
우리 가족 위해
새벽기도를 거르지 않는
당신은
고맙고 고운 나의 아내입니다

봄비와 소녀

봄비가
내리니

봄비가 소녀를 부른다
아니
소녀가 봄비를 부른다

봄비가 소녀를 적신다
아니
소녀가 봄비를 적신다

봄비가 소녀를 울린다
아니
소녀가 봄비를 울린다

봄비가
그치니

봄비가 소녀를 떠난다
아니
소녀가 봄비를 떠난다

꽃처럼 지고 싶다

꽃이 진다
꽃이 졌다

꽃이 지고 져도
서글프지 못한 것은
사랑이
익고 있기 때문이다

꿈이 진다
꿈이 졌다

꿈이 지고 져도
애달프지 못한 것은
세월이
삭고 있기 때문이다

어제도 나는
오늘도 나는
내일도 나는
꽃처럼 지고 또 지고 싶다

수수꽃다리에게

라일락이라 불렀다
먼 이국땅에 와서
그 고귀한 향내를 이 땅에 뿌려 주는
가슴 벅차 고마움에
4월이면 콧날 비벼대며
너를 안아 주었다

하지만
무지한 나를 용서 하거라
너는 단군이 터 잡기 전부터
이 땅의 역사를 뿌리째 안고
이 강산 누리며
파란 심장을 덕지덕지 달고 살아왔구나

너의 심장에서 뿜어져 나온
자주색 꽃다발은
이 땅에서 살다 간 형제들의
우애의 정표였구나

라일락보다 더 곱고 고운
너의 풋풋한 향기에
봄이 익어간다

수수꽃다리야!
이제
진정 너를 사랑하고
너의 이름 죽어도 잊지 않겠다

어머니의 두견주

보리쌀 씻는
찬물이
입김을 불어댄다

끊어질 듯 이어지는
기침소리는
아버지의 삶

시린 손을 행주치마에 닦지도 못한 채
바슬거리는 주먹밥 한 덩이 옆구리에 차고
고무신 헐떡이도록
붙잡지 않는 이슬방울을 떨치며
뒷산에 오르신
어머니

진달래꽃 따다
빌고 빌며
두견주를 담그신다

골방의 술 내음이
아버지의 가쁜 숨소리만큼 짙어질 때
기침소리는
영영 방문을 나서지 못한다

주인 잃은
술독이
문상을 받는다

사랑은 함께 느낄 때

느낌 없는
사랑은
사랑이 아닙니다

혼자만 느끼는
사랑은
더욱
사랑이 아닙니다

사랑은
함께 느낄 때
진정한
사랑입니다

돌 틈에 핀 민들레꽃

햇살이
아무도 모르는
돌 틈을
눈 시도록 찾아내고

바람이
뒷동산에서 가져온
꽃씨를
돌 틈에 몰래몰래 숨기고

구름이
빗방울을
굴리고 굴리어
돌 틈에 잠든 꽃씨를 다독이니

봄날
돌 틈에서
햇살과 바람과 구름의
간절한 꿈이 피어난다

돌 틈을 비집은
민들레꽃이
무심해진 우리에게
노오랑 봄을 던져준다

가장 행복한 순간

누군가
당신에게
가장 행복한 순간이
언제였는지를 묻는다면

당신은
망설임 없이
대답할 수 있습니까

눈 올 때
눈 녹을 때

꽃 필 때
꽃 질 때

나는
대답할 수 있습니다

그 사나운 겨울밤
비좁아 터진 부엌에
연탄 몇 장 쌓아두고
연탄 아까워 불구멍 막고
냉골을 덮고 잠잘 때가 가장 행복했습니다

아니라고요……
당신의 삶은 정말 행복했군요

나는
행복이
하루에 두 번 갈아야 하는 연탄불보다
더 빨리 꺼지는 슬픔을
별빛만큼 먹어 보았습니다

부부라 해도

부부라 해도
손잡아주고 안아주며
사랑해요
감사해요
수고했어요
라고, 먼저 말하지 않으면

가슴이 뾰로통해지고
입안에 가시가 돋습니다

하지만
손잡아주고 안아주며
사랑해요
감사해요
수고했어요
라고, 먼저 말하면

가슴이 쿵쾅거리고
입안에 향기가 납니다

부부는
천둥 치고 태풍 부는
이 험한 세상

함께 가기로
함께 살기로
한날한시에 언약했지만

서로 다른
부리와 심장을 가진
비익조랍니다

웃음의 뒤끝

할머니가 웃으면
사랑

엄마가 웃으면
새침

아빠가 웃으면
억지

내가 웃으면
노림

아기가 웃으면
평화

사랑의 관계

흙은 알까
바위가
별을 보며 꿋꿋이 부서진 아픔을

개구리는 기억할까
올챙이가
꼬리를 구름 사이에 감춘 아픔을

매미는 회상할까
굼벵이가
허물을 무릅쓰고 벗는 아픔을

열매는 그리워할까
꽃이
청춘을 던지며 지는 아픔을

사랑의 관계는
잊을 수 없는 아픔과
흘러간 미련스런 아픔을
촛불처럼
가물거리며 태워야 한다

어머니의 한계를 꿰맨다

나룻배가 혼절하니
아버지의 삼베적삼이 비지땀으로 굽이친다
삿대의 한계이련만 강물은 무심하다

동구 밖 아이는
오지 못한 아버지를 기다리며
산그림자를 배웅한다

땅도 끝이 있고
하늘도 끝이 있다지만
그날부터
어머니는 늘 삶의 한계를 넘는다

개똥벌레의 힘찬 날갯짓도
금세 한계 너머로 사라지고
꽁무니에 붙잡힌 빛은 서글픔으로 삭는다

꿈은 그리움의 한계다
깨어나기 전
사랑은
벌써 모퉁이를 돌아서고

바람 따라가지 못한
꽃은
달콤한 입술이 닿기도 전에
벌레에게 먹힌다

그렇게
삶이 찢어질 듯 힘들어도
낡고 해어진 골무는 바늘에 찔리며
가냘픈 실을 틀어잡고
어머니의 한계를 꿰맨다

봄날 온 팥죽장수

봄바람이 오니
겨우내 꽁꽁 언
볕 좋은 길모퉁이에
팥죽장수가 문을 연다

지나가는 길손에게
공짜로
철푸덕
철푸덕
팥죽을 안긴다

국자도 없이
사발도 없이
푸짐하고 인심 좋게 먹인다

놀란 길손들
화들짝
이리 뛰고 저리 뛴다

겨우내 얼려놓은
팥물이 동나면
팥죽장수는
미련 없이 문을 닫는다

첫사랑

기억 나나요
마음 있나요
보고 싶나요

그대의
가슴에 꽂아두면
더
시들지 않습니다

시(詩)터의 쉼

오늘도
시(詩)터를
별빛으로 쓸고
달빛으로 닦아
꽃병 대신 시(詩)로 수를 놓는다

찾아온
글손님이

영혼 없는 영혼 속에서
공간 없는 공간 속에서
느낌 없는 느낌 속에서

세파로
힘들고
지칠 때

어여쁜 쉼을 마시고
고요한 쉼을 누리며
묵묵한 쉼을 얻도록

글향기 피어오르는
시(詩)로
온기 가득한 쉼을 나눈다

제2부

여름길

아침 햇살보다
더 짧은
젊음에게

칠월을 맞이하며

치마폭 한 감을 받아 들고
치수를 잴 틈도 없이
벌써,
한 해의 절반이 흐른다

목련꽃은
더위가 벅차 일찍 지고
한 해를 해걸이 한
접시꽃은
그늘 없이 햇살을 어루만진다

세월의 빗장이
피할 수 없이 잠긴다

시작이 반이다
동백꽃이 피기 전
치마를 마름질하여
지는 꽃을
총총히 받으리라

벼꽃

나 없이 살 수 없다
아우성치는
당신
내 꽃엔
구경 한번 안 오네요

엄마 젖가슴 떠나기 전
나를 만나
평생토록 함께 하지만
내 꽃엔
눈길 한번 안 주네요

죽으면
마지막 한 숟갈 입에 넣고
저세상 떠나면서도
내 꽃엔
감사 한번 안 하네요

그래도
나는 당신 입이 무서워
목련꽃처럼
사랑 달라
외치지 못합니다

아침 햇살보다 더 짧은 젊음에게

아침 햇살보다
더 찬란한 젊음아

세렝게티에서 막 태어나
사자에게 쫓기는
가젤 새끼처럼
숨 돌릴 틈도 없이
달리는 젊음으로

태어나기도 전에 유통기한 찍혀
한기 서린 냉장고에 늘어선
삼각김밥처럼
숨 돌릴 틈도 없이
초조한 젊음으로

사자와 마주치기 전
아침 햇살보다 더 빨리 달려라
유통기한이 지나기 전
아침 햇살보다 더 빨리 팔려라

아침 햇살보다
더 짧은 젊음아

내 꽃의 이름은

나도
꽃이련만
그림자도 무심히 지나간다

잠깐 보이고 간 목련꽃은
벌써 다음 봄을 기다린다

유월에 피는 내 꽃향기에
벌들은 아우성이다

내가 떨어지고야
토실토실한 가을이 영근다

내가 없으면
눈이 와도 골목길이 호젓하다

내가 있어야
겨울밤 연인의 사랑이 구수해진다

가시송이 속에 있는
나를 모르는 추억은 없다

꽃이 그러하다
꽃이라고
다 바라보는 것은 아니다

돌양지꽃

태양을 지고 산을 오른다
심장이 요동친다
저만치
바위틈의 노오랑꽃이 내 눈을 꼬시니
숨이 그 꽃에 앉는다

강산이 바뀌도록 보아온 꽃인데
그때마다 마음이 복잡하다
왜, 흙도 물도 없는 바위틈에 살며
저리 예쁜 꽃을 피울까
꼭, 프라이팬에 깨뜨린 메추리알같이

부스러질 듯 말라버린 이파리를 보며
가슴이 아린 적도 있었다
왜, 저리 살까
혀를 끌끌 찬다
유황 냄새 가득한 분화구 속으로 들어가는 답답함에
내 심장이 더 바스락거린다

풀 한 포기 가까이 있지 못하니
그늘도 도망간다
계곡으로 옮겨주고 싶을 때도 많았다, 하지만 참았다
그 꽃이 좋아하는 곳이니까

가끔은 부러울 때도 있었다
처절한 바위틈에 숨어 꿋꿋이 꽃을 피우니
큰 나무, 가시풀 없어
시샘하는 이 없어 좋겠다고

희망을 품은 적도 있었다
찬 겨울 이름 없이 살다 여름비 맞으면
그 모진 틈에서 저리 예쁜 꽃을 피우니
언젠가
나도 너처럼 꽃을 피우겠지

오늘도
그 노오랑꽃을 보고
바위틈보다 더 거치른
태양보다 더 뜨겁게 끓는
고독한 세상으로
꽃 피우는 꿈을 품고 하산한다

그리운 적벽강

흐르던 물에 발등 적시던
천하 비경의 적벽이
허리춤까지 물에 잠기니

흐름 멈춘 강물 위로
무등산 억새꽃 날리고
단풍이 물든다

어릴 적 소풍가
보물찾기 숨긴 강변돌은
물고기가 되고

어머니 손잡고
화전놀이 하던 벚꽃나무는
물풀이 되니

사공의 흥겨운 삿대질에
장구소리 태운 나룻배는
푸른 하늘의 은하수가 되어 떠돌고

어머니의 어깨춤에
들썩이는 치맛자락을 붙잡은 아이는
타향을 떠돈다

아!
저 옛날 옛적 김삿갓이 목 축이던
적벽강이
아직, 삭지 못한 고향의 전설로
어른거리니

여름날 첨벙첨벙 멱감던
아이들은
물속에 눈망울 적시며
꿈속의 그리움을 빼끔거린다

둑 막혀
귀향할 수 없는 연어처럼
사무친 물속의 고향이 그립고 그립다

선풍기의 영토

그의
시대가 왔다
외눈박이 황제가 채찍을 늘어뜨리고
덜덜덜 투덜거리며 좌우를 경계한다

그의
왕국은 바람의 영토

황제가 외면하는 책상
느려터진 컴퓨터
먼지에 주눅 든 이력서들……
그리고 퍼질러진 러닝셔츠를 감당 못 해
헐떡거리고 있는, 나

황제는
귀찮다는 듯이
나를
물끄러미 지나치며
러닝셔츠를 들추고
뜨끈한 입김을 불어 댄다

나는
그 입김에도 감사해
더 헐떡거리며
무한한 복종의 자세로
몸을 낮춘다

지금은
인고의 시대
이력서가 이 영토에서 사라질 때까지
나는
황제를 추앙할 것이다

하루살이

사랑과 자유를 위해
하루살이는
입 버리고 날개를 선택한다

악마는 속삭인다
말 못 하고
먹지 못하고
무슨 낙으로 사냐고……

하루살이는 고개를 젓는다
물 속에서
물 밖에서
그렇게 두 세상 살아보니

단 하루를
자유롭게 날갯짓하며, 이루어 낸
순결한 사랑이
날개 없이
사랑 없이
천년을 사는 것보다 더 영원하다고……

소녀는 풀잎 되어

소녀는
풀잎 되어

바람 없이도
사각대는 풀잎으로

햇살 머금고
이슬 머금고
그리움 드높은 하늘 바라보며
파란 사랑꽃 피운다

풀잎에
햇살 스치면
소녀는 미소로

풀잎에
이슬 구르면
소녀는 눈물로

청초히
청초히
들을 지나, 강을 건너, 산을 넘어
푸른 사랑꽃 피운다

뱀딸기

순이가 뱀딸기를 따
내 입에 슬쩍 밀어 넣는다
누가 볼까
얼른 꿀꺽 삼킨다
몽실몽실 꿍꿍거린다

철이가
무얼 먹었냐고
자꾸 입속을 들여다보려 한다

눈치 없는 순이가
뱀딸기를 가리킨다
철이는 뱀딸기를 먹었다고
놀려댄다

그날 밤
먹은 딸기 내놓으라고
뱀이 아랫도리를 깨문다
세계지도가 이불에 흐른다

꿈이 머물 수 없는 마음에

꿈이
머물 수 없는 마음에
바람이 산다

한여름
하늘 푸르름이 줄줄 녹는데
흰 눈 날리니
더위에 지친
나,
흰 눈 먹으며 꿈을 채운다

꽃이
머물 수 없는 마음에
바람이 산다

한겨울
하늘 푸르름이 꽁꽁 어는데
꽃잎 날리니
추위에 지친
너,
꽃잎 먹으며 꿈을 채운다

무곡(無谷)

계곡 없는
산이 어디 있으며

굴곡 없는
삶이 어디 있으랴

산은 계곡에 붙들려
꽃을 피우고

삶은 굴곡에 붙들려
꿈을 피우네

바람이 산을 감싸니
삶은 요동치고

구름이 계곡을 감추니
삶은 허무하지만

산은
계곡 없이
더 높을 수 없고

삶은
굴곡 없이
더 꿈꿀 수 없네

여름밤

어머니가
왕겨 한 삼태기를
평상 옆에 쏟고
모깃불을 놓는다

평상이
모여든 가족들의
엉덩이를 만지며
삐거덕대는 군소리를 한다

할머니는
무릎에 잠든 손자의 아랫도리를
치맛자락으로 덮으며
연신 부채질을 한다

무더운 여름밤이
삐걱 소리와
연기 속에 묻힌다

내 마음의 빗소리

1.
오일장 양철지붕에
후두둑 호두둑
콩 볶는 빗소리가 새벽잠을 깨운다
까까머리 아이는
그 빗소리가 싫어
이불을 둘러쓴다

학교 가야지, 얼른 일어나!
엄마의 외침에
빗소리가 주눅 든다

2.
아파트 물대롱을 타고
졸졸졸 철철철
때 깃는 빗소리가 새벽잠을 깨운다
곱슬머리 중년은
그 빗소리가 싫어
베개에 얼굴을 파묻는다

출근해야지, 얼른 일어나세요!
아내의 외침에
빗소리가 더욱 드세 진다

3.

외딴집의 자작나무 숲에
토옥톡 토욱톡
고요한 빗소리가 새벽잠 없는 나를 부른다
머리 하얀 남자는
그 빗소리가 좋아
슬며시 창문을 연다

여보 비가 오네, 일어나보세요!
아내는 대꾸도 없다
빗소리가 점점 숨을 죽인다

새벽이슬

한낮도
한밤도
손 놓아버린

해도
달도
품지 못한

그 새벽
그 찰나의 순간

청순한
영롱한
이슬방울이

사막에서
초원에서

생명을
잉태시키며

꽃잎에
풀잎에 맺힌다

그대의
사랑처럼……

사랑에 대한 잠언

너는
먹지도 말고
말하지도 말고
오직 너의 짝을 사랑하라

나는 못합니다
죽어도 못합니다

무슨 맛으로
무슨 낙으로
그렇게
살아야 합니까

하루살이는
단 한 번
단 한 순간의
사랑을 위하여

천년을 버리고
입을 버리고
거룩하고 성스러운 하루를 사느니라

슬픔 식사

깃털 뽑아 만든
할미새의 둥지를 독차지한
뻐꾸기 새끼가
친 새끼들을 둥지 밖으로 밀치고
할미새의 목젖을 후벼판다

오늘도
얼마나 많은 사람들이
허기에 지친 식탁에 앉아
뻐꾸기 새끼처럼
살겠다는 욕망으로
타인의 목젖을 후벼팔까

무소유

두껍아
두껍아
헌집 줄게 새집 다오

더 큰 껍데기를 찾는다
더 예쁜 껍데기를 찾는다

더 큰 껍데기를 놓고 싸운다
더 예쁜 껍데기를 놓고 싸운다

살찐 집게가
고둥껍데기를 버리고
크고 예쁜 소라껍데기를 둘러쓴, 그 순간
문어가 살포시 품는다
빈 채로 남는다

그래도
더 크고 예쁜 껍데기를 위하여
어릴 적부터

두껍아
두껍아
헌집 줄게 새집 다오

그래도 나는 정상이다

어제는
은행하고 정분난
월급이
한 달 만에 들어온 날이었다
밤새 뒤척이다, 머리가 아파
병원에 가 진찰을 받았다
-별 이상은 없습니다
-체온, 혈압, 맥박 모두 정상입니다
그런데
왜 머리가 아플까요
-요즘
-스트레스받는 일 있으세요
별로 없습니다
-일단 약을 처방해 드릴 테니 드시고
-푹 쉬세요
네……
병원을 나와
허둥지둥 회사 가는 버스를 탔다
늘 추파를 던지던 버스 안내 모니터양이
오늘따라 뿌지직거린다
맨날 출근 걱정 없이
버스만 타고 다니는 저 모니터양도
스트레스를 엄청나게 받는가 보다
좀 쉬어야 할 텐데……
그래도
나는 정상이다

막걸리

하루 종일 무지개를 쫓다 백합꽃처럼
새하얀
너를 보니
다시 순결해지고 싶다

화려함 없는 너
속 보이지 않는 너
그래서 말 못 할 설움을 털어놓는다

동전 한 닢으로
너를 품지만
값싼 마음 아랑곳없이
녹녹히
허한 속을 채워주고

쌓이고 쌓인 시름을
가물가물 삭혀 주는
너는
속 깊은 안식의 연인이다

간절한 기도

나는
늘, 텅 빈 하늘 바라보며
가장 높은 자리에 있어
로또 같은 것은
꿈꾸지 않습니다

하지만
나는
단 한 번도 한눈팔지 않고
오직, 기도 제목 하나
간절히 기도합니다

오늘은 비 오는 날
먹구름이 몰려온다
제발, -벼락 한 번 맞게 해주세요-

어느덧
날은 개고 햇살 빛난다
오늘도 공쳤습니다

그래도
나의 기도는
나를 믿는 당신을 위해
붉은 흙이 될 때까지 계속될 것입니다

이유 있는 존재

개구리와 두꺼비를 구별할 줄 모르는
친구는
서울에서 잘살고 있다

하루살이는 왜 살까
무더운 여름날 밤잠을 설치게 한
모기는 좀 없으면 안 될까

두꺼비와 개구리를 구별할 줄 안
나는
자연이 좋아
하루살이와 함께
모기와 함께 산다

꿈에서 거북이를 보면
장수하고
복 많이 받는다고 하니

가끔
거북이를 만나기 위해
낮잠을 즐기면서……

막걸리와 고추

막걸리 한 사발
쭉~~~
마시고

흠뻑 힘주고 있는
붉은 고추
된장에 찍어
입속에 불뚝 넣으니

콧구멍 찢어지는 외마디
으아악~~~
신음소리

허겁지겁
또 한 사발
쭉~~~
마시니

쌓이고 쌓인
인생의 더부살이 시름이
입술(酒) 사이에서
끄윽 삭는다

이끼

당신은
푸른 멍 가실 날 없이
숲을 가꾸는 정원사

꽃들에겐 눈길 한번 안 주며
늙은 바위에게 파란 옷 입혀주고
죽은 나무에게 초록 생명 이어준다

비 오는 날이면 숨도 못 쉴 만큼
온몸으로 물을 받아
숲을 지키고

가뭄 든 날이면 핏물까지 토해
바스락거리는 몸으로
물을 나눈다

당신은
누가 뭐래도 영원한
숲의 정령
숲의 수호자

잃어버린 희망에 대하여

구두를 잃어버렸다
짜라투스트라는
이렇게 말했다
-돈으로 사면 돼, 찾을 필요 없어-

신(神)을 잃어버렸다
짜라투스트라는
이렇게 말했다
-다시 믿으면 돼, 신은 죽지 않아-

희망을 잃어버렸다
짜라투스트라는
이렇게 말했다
-너만이 찾을 수 있어, 세상에서 가장 힘든 일이야-

헤아리는 관습

만남은
삶의 거룩한 행위이다

문이 열리고 사람이 다가온다
스캔을 한다
머리에서 발 끝까지
그리고
팬티까지 회전초밥처럼 헤아린다

밤하늘의 별빛이 다가온다
헤아린 순간
눈은 흐려지고
별은 사라지고
정감 멀어지니
어두움이 몰려온다

사람은
별빛과 같은 것
헤아리는 순간
별빛처럼 사라지고 멀어진다

제3부

가을길

가을의 뒤안길

늦가을 여행

긴 꼬리 흔들며
기차는
사라져 가는 무한한 세상을 향해 달린다

새색시처럼 단장한
지평선은
이파리 떨어진 홍시나무 뒤로 달음질친다

달리다 넘어진
산은
늙은 호박만 한 난봉 자국으로 울긋불긋하다

농부의 이발 솜씨를 뽐낸
들녘은
더벅머리 벼 포기를 붙잡고 개울을 건너뛴다

흰 두루미 가족은
냇가에서
구름 속에 숨은 송사리와 술래잡기를 한다.

그 풍경을 놓칠세라
주름진 열아홉 청춘은
차창으로 고개를 들이밀며 기린목이 된다

무거운 눈꺼풀 닫히니
차창 유리는
첫사랑의 임처럼 사정없이 입술을 훔쳐댄다

기적소리에 깜짝 놀라 눈을 뜨니
간이역 빈 의자는
노오랑 단풍잎 편지를 전한다

나의 그리움

바람 빠진 풍선 속에서
밤새 잠 못 이룬
나의 그리움

날이 새기 전
달맞이꽃의 이슬방울에 묻어나는
나의 그리움

절벽 아래 핀
제비꽃의 보랏빛 꽃망울에 주저앉은
나의 그리움

날개 잃은 나비를 타고
허무한 날갯짓에 허덕이는
나의 그리움

그 그리움에
허수아비가 되어
찬 서리 내린 빈 들에서 당신을 기다립니다

가을의 뒤안길

국화꽃으로
단풍잎으로 화장을 해도
텅 빈 들녘의 스산한 외로움

고추잠자리 가고
겨우 한두 잎 남은 코스모스꽃처럼
시들어가는 햇살의 온기

떠나버린 참새가 그리워
펄럭이는 옷소매로 산그림자 붙잡고
우두커니 서 있는 허수아비

속 빈 밤송이 따라 구르다
야위어진 시냇물 소리에
밤새 뒤척인 다람쥐의 시린 가슴

그 가을이
마음길 잃은 나를 밀치며 서성인다

늙은 날의 시(詩)

바람을 좇아
쉼 없이 돌아가는 풍차의 날개처럼
안개 같은 부귀영화를 좇아
삶의
수레바퀴를 돌리고 돌리다 보니
벌써 서산에 노을이 퍼진다.

무슨 할 말이 많은지
불현듯 시(詩)가 그립고 쓰고 싶어진다

좋은 글,
좋은 생각을 커닝하고 싶어
젊은 날에 꽂아두었던 먼지 쌓인 시집들을 꺼내어 읽는
다

가슴으로는 느낌이 오는데
페이지를 넘기면 무엇을 읽었는지 기억이 나질 않는다

신의 거룩한 계시이다

그동안 베끼는 인생으로 살아왔으니
이제는 순수한 아이로 돌아가 옹알거리듯

나만의 해와 달과 별을
나만의 바람과 구름을
나만의 강과 바다를
나만의 꽃과 나무를
나만의 인생을

한 점 부끄러움 없이
도자기가 아닌 질그릇 같은 시를 쓰려한다

풀꽃 향기로 빈 가슴 채우고

힘들고
외로워도
가야 할 길이 있다

그 길
행복하려면
아직 꿈과
힘이 남아있을 때
이름 없는
풀꽃 향기 붙잡고
퍼지게 앉아
벌과 나비의 꿀 먹는 모습에
끝까지 웃음 지어라

그리고
그 풀꽃 향기로
빈 가슴 채우고
다시 일어나 가거라

허수아비

그리 오래되지 않은 옛날
논이면 논마다
밭이면 밭마다
내 일자리는 흐드러지게 많았다

그 언제부터
쌀 한 톨 아끼며 살던
보릿고개는 사라지고
먹거리가 지천으로 흐르는
풍요로운 세상이 되니
내 일자리 구하기가
청년의 취업보다 더 힘들다

골목길에서
노는 아이들 보는 풍경이
노다지 캐는 것보다 힘들지만
내가 일자리 구하는 풍경은
죽은 나무에서 꽃 피는 것보다 더 힘들다

아! 그 옛날
주인집 아씨의
치마저고리를 물려 입고
눈 시리도록
참새 쫓던 그 일자리가
못내 그립다

나의 외로움

꽃은 피었는데
나비 한 마리 오지 못한다

내 손을 잡아 주던, 지금은
바람이 되어
멀리 가 버린 그대

고고한 첨탑 위에 앉아
햇살 한 줌 먹지 못한 종소리는
야위어 가고

별빛도 적막한 하늘을
홀로 날갯짓하는 쇠기러기는
점점 더 꿈을 잃고

달빛 잃은 산모퉁이 돌아
밤새 싸리문 잠그지 못한 외딴집은
그리움으로 가득한데

부질없는 새벽안개에 젖어
시들어 가는 모닥불을
하염없이 바라보는

나의 외로움이
이제는
그대의 그림자 붙잡고
일어서지 못한 불씨 되어 꺼져간다

가을 미소가 영근다

느낄 듯 말 듯
조금은 서늘한 강바람

순간
비집고 들어오는
따사로운 햇살

아 좋다!
바람과 햇살이 부둥켜안으며
반짝이는 물결

향기 물씬 나는
강가의
올망졸망한 노오랑 들국화

가을을 재촉하듯
윙~~~
윙~~~
국화꽃에 날아든 꿀벌

그 곁에서
가을보다 더 익어가는
그 남자!

나도 모르게
눈가에
가을 미소가 영근다

물망초

당신은
나의 호흡
나의 숨결이요

이 세상 끝 날까지
나를 기억하기 위해
단 하루만 더 살겠다는
당신
참으로 고맙소

나도
내 호흡이
내 숨결이 시들 때까지
당신의 이름을
잊지 않겠소

당신과 내가
서로의 이름을 기억하며
밤하늘의 별이 되고
햇살 좋은 언덕의 꽃이 될 때까지
우리의
사랑 노래가 끝날 때까지

당신 홀로
은하수를 건너지 마시오

하지만
서산으로 지는 해를
붙잡지는 않을게요

당신이
힘들게 노를 저어
은하수까지 오는 눈물을
기억하고 싶지 않아요

당신이
내 곁에 있어
참으로
참으로 행복했소

저 많은 별들 중 하나가
당신과 나를
영원히 기억하겠지요

고독한 침묵

적막 품은
그리움이
소리 없이 소리 없이
허공에 눕는다

냉골 같은 기억은
두견새 날아간
허공을
깊고 더 깊게 응시한다

허공은
긴 상처 없는
붉은 피를 토하며 고목처럼 고요하다

누구를 위한 위로인가
괴로움 실은 종소리
그리움 실은 종소리
또 허공에 눕는다

눈을 막고
귀를 감으며
숨소리를 멈춘다

허공은 금세 사라지고
그리움 마저
별빛 사이로 무심히 건너가버린다

쓸쓸한
더 쓸쓸한
그대의 입술에 매달린
고독이,
고요히
고요히 홀로 남는다

고추잠자리

왜
저리
높이 날까

사랑을
사랑을 위하여

왜
저리
뱅뱅 돌까

사랑을
사랑을 위하여

높이
높이
더 높이, 하늘까지

오직
사랑을 위하여

나무는 죽을 때까지 젊게 삽니다

나무에게
늙은 나무는 없습니다
물론 어린나무는 있습니다만
자라면 그냥 나무입니다

나무는 해마다
화려한 꽃을 피워 버리고
수고한 열매를 맺어 버리고
부유한 이파리를 단풍 져 버리기
때문에, 늙지 못합니다

우리는 살면서
사랑을 쌓고
명예를 쌓고
돈을 쌓고 쌓아
끊임없이 깊고 깊은 성(城)으로 그 등짐을
나르며, 늙어갑니다

나무는
죽을 때까지 버리고
죽을 때까지 젊게 삽니다

옥수수와 감자로 고운 저녁 먹으련다

거칠은 구름이 떼를 짓는다
천둥 치는 초인종 소리가 내 귀를 먹고
오가는 사람들의 위로가 자갈밭에 구르니
단장의 고통이 온몸을 파고든다
한 치 앞도 보이지 않는다

숨이,
막힌다

꽃이 피기 전에 웃고
별이 뜨기 전에 웃었던 나의 삶이
말라비틀어진 마지막 잎새처럼 간당간당하다

악마가 헝클어놓은
삶 타래의
시작과 끝을 찾아
깊은 동굴 속으로 들어간다

마음은
벌써 짚신 벗어놓고 걷는다
양귀비
한 사발을 마신 것처럼 옴지락 할 수가 없다

수많은 봄날들은
망각의 포로가 되어
첨탑 속에 갇히고
생의 끝자락이 찢겨져 나부끼는 거미줄 끝에 매달린다
어서, 바람이 불어 끊어지길……
눈을 감는다

고뇌의 긴 숨 몰아쉬니,
파르르 손끝이 떨린다
가져보았다, 배부르게 먹어보았다
열심히 올랐을 뿐이다
눈물이 난다

그래도
삶이다

이제는
오두막 평상에 앉아
날실과 씨실이 되어준
당신과 함께
옥수수와 감자로 고운 저녁을 먹으련다

청춘의 수채화

신이
허락한
신성한 노동

돈이
지배한
고귀한 취업

그 신과 돈의
전쟁터에서 살아남는
청춘의 완성은

눈썹에 쌓인
새벽이슬의 무게로
그려낸 수채화다

틈내서 갈게요 어머니

엄마에게
틈만 나면
딴전 피운다고
늘 꾸지람 듣던 기억이 별빛 너머로 아득한데

이젠
어머니는
틈나면
꼭 한번 내려오라 애가 닳으신다

어린 시절
그 많고 많은
틈들은
청춘 지운
꿈으로 메워지고
숨돌릴 새도 없이 사라졌다

정녕코
틈내서
뒷산 골짜기보다 더 깊고 깊은 주름진
그리운 얼굴 만지며
마른 무릎 베고
눈물 한 방울 짓고 싶구나

안개처럼

산이 좋아 산에서
물이 좋아 물에서
허옇게 멀겋게 산다

아침 햇살에 쫓기며
하루살이 날갯짓에도 힘들어
밤새워 눈물 맺는다

온다간다는 투정 없이
오늘 못살면 내일
내일 못살면 또 내일
사는 듯 마는 듯

한 번쯤은
이름 모를 들꽃에 잠들어
순정한 향기를 품는다

가진 것 하나 없어도
거미줄에 붙들려
돌멩이에 붙들려
흐르지 못한 눈물 몇 방울
풀잎에 남기면 그만이다

가을비

그저
시리지 못한
가을비가
푸름 없이 소리 없이
움츠리며, 추적거리며 내린다

낙엽을 부여잡고 뒹군
가을비가
빙하보다 더 깊게
사랑 때문에 굳은살 박인
내 심장을
소스라치게 가른다

봄
여름
청춘으로 고이고이 싸맨
가난스런 외로움이
스산한 빈들을 지키는 허수아비처럼
시들어 가는 들국화처럼
가을비에 젖는다

그녀는
가도
가을비는 또 오겠지……

언제나 거기에 가서

호롱불 그을음이
콧구멍을 도배한
그 어린 시절
냇가가 앞뜰인 초가집에서 살았다

여름이면
늘어진 무명 팬티 한 조각 걸치고
물장구치며
겨울이면
소나무 가지 베어 만든 썰매를 타고
꽁꽁 언 얼음이
고무다리가 될 때까지 놀았다

십이간지가 돌고 돌아
갑(甲)을 넘으니
어제 일은 기억이 안 나는데
어릴 적 살던 그곳은
어쩌다 한 번 온
가설극장의 총천연색 영화처럼 갈수록 또렷해진다

언제나
거기에 가서

봄이면
꾸부정한 할미꽃 옆에서
진달래꽃으로 화전 부쳐 먹고

여름이면
밀짚모자 눌러쓰고
먼 산 바라보며 낚시 드리우고

가을이면
낙엽 태우는 연기 마시며
꿀벌들이 왔다 간
국화꽃 차를 마시고

겨울에는
아궁이에 군불 지피고
졸음이 올 듯 말 듯 한 눈으로
임의 등 긁어 줄까

가을의 허구

햇살마저
뜨거움에 지쳐 그늘에 숨는
망각하고 싶은 계절을 건너
땀 냄새 가시지 않는
가을이 왔다

꽉 찬 들녘은
하나하나 비어 가고
허수아비의 성긴 옷자락이
온기 가시지 않은
갈바람 붙잡으니
그래도
가을이 왔다

사그라진 물소리에
반쯤 벌레 먹은 도토리 흐르니
언제 왔는가 싶던
고추잠자리 벌써 떠나고
늙지 못한 갈대꽃 희어진다

아, 그 흐릿한 가을이
가슴에 품은 햇살 거두니
깊은 시름 사이로
가랑잎 휘돌고

추억 없이
미련 없이
문풍지 시린 북풍의 계절을 몰고 온다

헌책의 향기

새책을 사기 위해
아버지는 더 팔 것이 없었다

헌책도 몇 달 동안
닭장에서 꺼내야 할 달걀값
오로라 보다 더 아름다운 꿈이었다

헌책방에서 채굴한
공부한 흔적이 없는 새책 같은 헌책
그 뒤표지에
또박또박 쓴 이름 김순애(?)
이름을 쓴 후 책은 펼치지 않는 듯
아니 딱 한 번 있었던 것 같다

책갈피 사이에
누군가에게
전하고 싶은
간직하고 싶은
그 여고생의 가을 사랑이 물씬 나는
노오란 은행잎 하나

그 헌책이
여인의 향기로
가을의 향기로
오로라의 향기로
한 학기 동안 텅 빈 마음을 채웠다

세월이 가도
가을이 되면
그 헌책의 여인은
늘 생각나는 첫사랑의 향기다

지금 이 순간

지금 이 순간
하루가
너무 짧습니까

마음을
좀 비워야겠지요

지금 이 순간
하루가
너무 깁니까

마음을
좀 많이 비워야겠지요

마음은 풍선
마음은 무지개
하지만
마음은 밑 빠진 항아리

그래도
마음은 당신의 별입니다

마음 비우는
아픔 때문에
반짝이는 하늘에 별들을 잊지 마세요

포기의 시대

꽃이
꽃으로
흔들린다

꽃이
열매를
거부한다

꽃이
바람을
탓한다

허무한
결실의 오류

앙상한 가지들
빈손으로
저문다

황혼을 먹는 삶

삶은
오늘도
황혼을 먹는다

거센 눈발이
황혼을 숨겨도

삶은
오늘도
황혼을 먹는다

진한 먹구름이
황혼을 숨겨도

삶은
오늘도
황혼을 먹는다

못난 사랑이
황혼을 숨겨도

기쁨 한 톨의 그리움

당신과
함께 흘린
눈물,
한 솥 가득 끓이니

한 톨의
기쁨이 나오네요

당신께
그 한 톨
그리움으로 받치오리다

가을의 오감

순결한 하늘을
눈 시리도록 응시해도

부산한 꿀벌들의
날갯짓 소리 들어도

따스한 국화차
한 모금 머금어도

스산한 마음이
낙엽 태운 연기 마셔도

고독한 가을이
손끝에서 바스락거린다

시터지기의 마당쇠

마당쇠는
마당을 쓴다
쥔님은
시원한 대청에 앉아 시를 쓴다

마당쇠가
쥔님을 힐끔 훔쳐보니
앉아 놀고 있다

마당쇠도
시인이 되고 싶다
마당 쓰는 것보다 천배 만배 쉬워 보인다

시를 그리려
밤새 잠을 못 잔 마당쇠, 왈
-마당 쓰는 것이 낫지, 못 해 먹을 짓이야-

그날부터
마당쇠는
쥔님의 시(詩)터를 지키며
잘 먹고 잘살았다

홍시

감꽃이 핀다
봄비를 맞으며 풋감이 된다
몇몇 친구들은
꽃으로, 감또개로 이사를 갔다

이슬을 먹으며
따가운 햇살을 어루만지며
별과 달과 소꿉놀이하다 보니
돌멩이보다 더 딴딴한
속이 꽉 찬 감이 된다

푸른 알통이
울퉁불퉁 생긴다
태풍을 밀치며
이리저리 파도타기를 한다

어느덧 찬 바람이 분다
금세 얼굴이 붉어진다
그래도 곱게 나이를 먹었나 보다
까치가 날아온다, 무서워
바람을 불러 잎새 뒤에 숨는다

꼭지를 붙들 힘이 점점 빠진다
몸이 물러지고
벌겋게 익은 살갗에서 단물이 난다
땅바닥에 떨어져
가을비에 씻기니
아이가 웃으며 한입에 넣는다

내 이름은 아직

내 이름은 꽃 지고 막 달린 풋내기입니다
신이시여
아닙니다, 아직은
내 이름을 기억하지 마소서

내 이름은 떫은맛 가시지 않은 열매입니다
신이시여
아닙니다, 아직은
내 이름을 부르지 마소서

아!
기억하지도, 부르지도 못한 내 이름이
벌써 철 지난 목련꽃처럼
아련한 추억조차 맺지 못하고
가지를 붙들고 흔들리고 있습니다
신이시여
아닙니다, 아직은
바람을 거두시고 햇살 한 줌을 더 주소서

내 이름이 당신의 은총으로 영글어 가고 있습니다
신이시여
아닙니다, 아직은
즙 많고 향기 가득한 능금이 되어 감사의 입맞춤을 들리
겠습니다

그날
내 이름을
푸른 하늘의 미소로 기억해 불러주소서
신이시여
고이 땅에 떨어져 묻히겠습니다

제4부

겨울길

삶의 언저리에서

눈 오는 날의 기도

눈송이가
한 잎 한 잎 쌓인다
민들레 위에
질경이 위에
소나무 가지 위에……

민들레도
질경이도
눈이 오면 마냥 좋다
차가운 칼바람 막아주며
바스락거리는 잎사귀 포근하게 감싸주니

더
많은
눈송이 내려
자꾸자꾸 쌓이기를 기도한다

소나무 가지는
지난해 부려진 아픈 기억에
푸른 솔잎 끝을 붙잡고 놓지 않는
눈송이를 떨치려
어깨를 흔들고 몸부림치며

그
가벼운
눈송이가
또 쌓이고 쌓이지 않기를 기도한다

철없는 겨울딸기

바람 흔적이 없는 하우스에서
딸기는 답답하다

철을 잃어버린 지 오래
하얀 겨울이 붉은 딸기에 똬리를 튼다

철없는 아이들이
철모른 딸기를 먹는다

딸기에 돋은 하얀 솜털은
여물지 못한 계절의 흔적
딸기에 박힌 주근깨는
그리움 없이 맺힌 계절의 미완

겨울의 기억이 없다
첫눈 오는 겨울밤
외투 없이 찬 바람 쐬고
감기 걸린 딸기코가 되고 싶다

흐름이 흐름대로 가는 철은
세월의 완전체
철나기 전 오는 달콤함은
그저 마음만 홀릴 뿐이다

하얀 속살의 딸기가
철없는 단맛으로
붉은 동굴을 스쳐 갈 때
아이들은 하얀 겨울을 먹는다

철없이 붉어진 딸기에
겨울이 맺힌다

벌써 12월

치맛감 한 폭을
정초에 받아 들고
치수를 잴 틈도 없이
벌써 한 해가 고드름 끝에 매달린다

시작이 반이다
동백꽃 피기 전에
치마를 마름질하여
지는 꽃잎 총총히 받으리라
다짐했건만……

그 뜨거운 여름
물 한 모금 주지 못한
동백은
아랑곳하지 않고
꽃망울을 맺었다

야속하다
야속하다
세월 탓만 할 수 없어
동백꽃 지는 자리에
치맛감이라도 펼쳐야겠다

세월이 채찍질하네요

슬프기 전 깨어나
외롭기 전 일어나
세월을 틀어잡고 달리고 달렸는데

지나온 삶은
백지장처럼 허옇고
지나갈 삶은
눈보라처럼 휘날린다

돌아가자니
너무 멀고
질러가자니
너무 아쉬워
이제는
쉬었다 가면 좋으련만

세월이 드세게
나를
채찍질하네요

겨울꽃이 피었습니다

찬 바람이 분다.
가슴 시린 겨울이 온다

눈발 날리는 빈들에 서서
헐벗은 옷 갈아입을 시간도 없이
새파랗게 언 입술
질끈 깨무는
허수아비의 추운 계절이다

따스함을 잃은
혹한의 계절에
가슴 시린 칼바람 막아주는
붉은 겨울꽃 핀다

어찌 사나 가슴 먹먹했는데
빨간 냄비에 사랑 듬뿍듬뿍 담기니
시린 가슴
서로서로 감싸주는 겨울꽃 핀다

하루 종일
햇살 한 됫박 빌리지 못한
눈 덮인 동백꽃
더욱 붉어지니
동박새처럼 아우러 어우러 사랑을 나누며

더 추울수록
더 시릴수록
아우러 어우러 서글픔 나누는
곱고 고운
붉은 겨울꽃 피어 울린다

개화역에서

종점이다
그 누구도 내려야 한다
지켜보고 있는
저 별도 내려야 한다
기다리는 사람 없어도 내려야 한다
고향의 어머니는 늘 기다리고 계셨다
내려야 할 이유와 목적지가 있는 사람도
졸았는지 기억조차 없는 사람도
모두 내려야 한다
헤어지기 싫은 연인도 내려야 한다
폼나게 사는 사람도
폼 없는 사람도 내려야 한다
아이도, 어른도, 학생도, 직장인도 모두 다 내린다
모자도, 가방도, 비 오는 날 우산도, 추운 날 장갑도 다 내린다
잃어버린 눈물도 내린다
그림자도 함께 내린다
졸다가 끌려온 몇몇 사람은
실눈 뜨고 정말 종점에서 내리는 사람처럼
거들먹거리며 내리다, 부산스레 건너편 플랫폼으로 사라진다
은하수 저편에는
젊은 시절로 돌아가는 플랫폼이 있었다
마음은 청춘이다
돌아갈 역이 기억나지 않는다
강남을 헤매다가

눈 감고 깜박 여기까지 왔다
내리는 사람도
그리 많지 않다
하늘은 이미 어두워지고
값비싼 휘발유 냄새가 코를 막는다
언젠가 꿈을 펴고 날고 싶었던 김포공항이 옆이다
비행기가 굉음을 내며 착륙한다
얼마나 설레인 내림일까
하늘에서 내리면 어떤 기분일까
하지만
이렇게 싸늘한 역이 또 어디 있을까
사람들이 다 내리고 슬금슬금 내린다
포장마차 불빛 하나 보이지 않는다
종점에는 꼭 있을 거라 생각한
포장마차 하나 없다
늘 그렇다
생각은 언제나 밀물처럼 쓸려 나갔다
채우고 싶은 것을
채우지 못한 서글픔……
아파트가 쑥쑥 자라고 있는 김포평야에
별빛이 내린다

멸치똥은 똥이 아닌 삶이다

멸치똥을 따다 만 소쿠리가
식탁 위에 있다
왠지,
내가 해야 할 것 같다

똥 따기 전
멸치 한 마리 입에 넣으니
비릿한 바다가 가슴에 출렁인다

대가리를 떼어내고
배를 갈라 멸치똥을 끄집어낸다
한 마리
한 마리……
부지런히 손을 놀렸지만 줄어들지 않는다

갑자기 헛웃음이 난다
가슴이 멍해지며
눈가에 짠물이 튀긴다

보란 듯이 살아온 인생이었다
멸치도 한때
바다가 좁다고 뛰놀던 녀석들
그만,
그물에 갇혀 삶을 다했다

세월의 그물에 갇힌
나,
멸치똥은
똥이 아닌 삶이다

나 여기에 서서

마흔살의 옹이 된 흔적을
가슴에 새기며
비문처럼
나 여기에 서서
바람 잃은 바다를 향해
돛대를 세우고
배를 민다

잡을 줄이 없어
거미줄을 잡고 내려온
애벌레처럼
나 여기에 서서
희망과 꿈을 당기며
발 닿지 못한
세상을 향해 배를 민다

서글픔과 외로움을 으깨며
늦가을 바람에 부석거리는
코스모스꽃처럼
나 여기에 서서
불 꺼진 등대를 바라보며
가슴에 불을 밝히고
파도치는 삶을 향해 배를 민다

그림자 찾는 촛불

달빛이 더듬거릴 적
촛불은
그림자를 찾는다

창문 사이를 서성거리는 어둠
촛불이
그리움을 건넨다

달빛이
엷어진다

흔들리는 그림자가
촛농이 되어
촛불 밑에 쌓인다

꿈이
모퉁이를 돌 때
자꾸만 작아지는 그림자는 서글프다

끝내 찾지 못한
그림자

촛불은
후회 없이
긴 호흡의 향내 남기며
허무한 자리로 여위어간다

인생과 삶

걷고 싶을 때 걷고
먹고 싶을 때 먹고
웃고 싶을 때 웃으면
인생이다

힘들고
외롭고
서러워
주저앉고 싶을 때
일어서서 다시 웃으면
삶이다

꽃 같은
인생은
삶의 꼬투리에 맺힌 노다지다

삶의 언저리에서

멋있었어
아름다웠어라고 자신 있게는 말 못 해도
그래도
잘 살았다고 위로받고 싶은
채찍 한 번도 놓지 못한
삶의 종신 마부였다

어찌 꽃 지는 것이
바람 탓이라 할 수 있으리……

흐르는 강물 따라 청춘은 시들고
흘러간 구름 따라 젊음이 날아가니
삶의 언저리도 버거워
머리숱 드물어지고
마음숱 엷어진다

어찌 꽃 지는 것이
바람 탓이라 할 수 있으리……

이제는
그리움 가득한
저녁 노을빛 속으로
멋있게
아름답게 물들고 싶다

서툰 이별

꿈이 무너져 내립니다
심장을 잃어버린 아픔입니다

그래도
당신과 함께 꿈을 나누며
우리 참 사랑했습니다

죽음도 갈라놓지 못할 것 같았는데
살면서
이렇게 헤어질 줄
정말 몰랐습니다

처음 만나 사랑할 땐
그 이유가 그리도 없었는데
헤어지는 지금
그 이유가 이렇게나 많습니다

이제는
보고 싶어도
집 앞에서 서성거리지 맙시다
목소리 듣고 싶어도
전화하지 맙시다

먼 후일
할미꽃 꺾어 들고 꼭 한번 스치길 바라며
그때 헤어졌기에
더 많은 꿈을 다시 시작했고
또 채울 수 있었다 말할 수 있도록
서로를 축복합시다

정말 잘 살아요
서툰
우리의 헤어짐이
사랑과 행복의 절벽은 아니랍니다

나는 돌덩이

호젓한 산모퉁이 돌아
돌덩이 산다

가는 사람
오는 사람
눈길 한번 없지만
발자국 소리 들으며 외로움 견딘다

눈 녹고
겨울 가고
산길이 질퍽거리니

한 사람
나를 옮기어
진흙탕 속에 밀어 넣는다
밟고 가는 느낌 있어 좋은데
차갑고 습한 기운이 가슴을 후빈다

봄 가고
여름 되니
또 한 사람
나를 오동나무 그늘로 옮기어
깔고 앉는다
그리운 체온에 가슴이 두근거린다

그 후
너도나도
사람들
나를 깔고 앉는다
그래도 함께 하는 온기와 느낌이 참 좋았다

하지만,
또 겨울이 오니
나는 돌덩이가 된다

아버지의 노래

그 비를 맞으며
그 진흙 고갯길을
굳은살 박인 지게와
평생 동행하신
아버지

천상의 노랫소리에
일찍이 귀 멀고
늘 웃음 지으며
말문을 삼키신
아버지

별빛 흐르지 못한
그 밤
그 외로운 길을
호올로 가신
아버지

아흔의 어머니가
저세상에서는 잘 듣고 살라고
애곡하시니

그 길 위에
소복히
소복히
국화꽃이 핍니다

소복히
소복히
눈물꽃이 핍니다

슬픔이 슬픔에게

슬픔아
슬프니

구름 한 점 없는
푸른 하늘에
여우비 나리니
우산 없이 가슴이 젖는다

슬픔아
어쩌니

숨 쉴 틈 없는
아린 마음에
진눈깨비 내리니
외투 없이 또 가슴이 젖는다

슬픔아
미안해

원망 없이
삭힘 없이
푸르고 아린 슬픔이
얼음장 같은 가슴에 쌓인다

김치죽

전복죽
송이죽
삼계죽
입맛 도는 죽도 많습니다

하지만
입맛 없을 때
김치죽이 정말 생각납니다

어린 시절
밥 적어 묵은김치 넣고 끓인
멸치 몇 마리 헤엄친
김치죽

배고파 허겁지겁 먹다가
입천장 뜨거워
꿀꺽 삼킨
김치죽

여보
오늘 김치죽 어때요

부잣집 외동딸 아내는
고개를
살래살래 젓습니다

쓴맛을 중독처럼

사람들은
왜
커피를 좋아할까
그것도 블랙커피를……

쓴맛을
중독처럼 미소짓는다

커피에
망설임 없이, 미안함 없이
끓는 물을 쏟는다

커피는
거품을 물고
거부할 수 없는 진한 향기를 두척하며
쓴맛을 토해낸다

오늘도
삶에
망설임 없이, 미안함 없이
끓는 물이 쏟아진다

어금니 깨물고
주체할 수 없는 진한 눈물 삼키며
슬픔을 도려낸다

슬픔을
중독처럼 미소짓는다

그리고
커피의
쓴맛을 마신다

언어의 힘

사납고
예리한
칼끝이 안토니오*를 겨누며

심장을 도려내려는
음모가
우정을 외면한다

그러나
바람처럼
부드러운 언어가
안토니오에게 갑옷을 입힌다

그 누구도
꽃처럼 아름다운
피를
한 방울도 흘려서는 안 된다

*윌리엄 셰익스피어의 희극 『베니스의 상인』의 등장인물

들쭉나무

별 하나
별 둘……
들쭉나무가 높직이 산다

별과 함께
그 높은 봉우리에 살면서
들쭉나무는
뿌리 아플까
잎새 하나 갖는 것도 주저한다

돌 하나
돌 둘……
들쭉나무가 나직이 산다

돌과 함께
그 높은 바람길을 놓으며
산 아래
낙락장송을
시샘움하지 않는다

설날 먹는 나이

유구한 한민족의
설날 의식은
함께 나이 먹기

설날 아침에 떡국 먹고
정(情)으로
나이도 함께 먹었다

하지만 거북이 같은 전통은
오존에 노출된 빙하처럼
점점 녹아 희미해지고

군대 가고
연금 타고
지공거사(地空居士)가 되려면
나이 계산이 뇌관이니

지금은 각자도생
법(法)으로
미역국 먹는 날
나이를 먹어야 한다

우리 민족의
또 하나의 커다란 공동체 의식이
백두산 호랑이처럼 사라진다

철이 들기까지

철없이 살았다
엿장수 손에 이끌려
대장간에서 녹을 벗기고

천도의 불가마에서
찌든 때를 녹이니
낯빛이 벌겋게 피가 돈다

철들라고
쇠망치로 실컷 두들겨 맞고
견디기 힘들어
쾅쾅쾅 아우성치며 찬물로 뛰어든다

불가마에서 찬물로
찬물에서 불가마로 오가며
쓴맛을 게워 내고 담금질을 먹으니
철들어
단단하고 날렵한 호미가 된다

좌우명

남이 가진 것을
샘내고 따지는 맘보는 못난 짓이다
세상 사람 사는 것은
다 똑같다

먹고 일하고
일하고 먹는다

일하고 자고
자고 일한다

그런데
잘나간 사람은 늘 잘나가고
요 모양 요 꼴인 사람이 더 많다

잘나갈 수 있다
돈 없어도 할 수 있는
좌우명을 새기어
이마에 낙인을 찍어라

그 좌우명이
가슴을 틀어잡고
오장육부를 지나 단전까지 흘러
손에 굳은살 박이면
잘나갈 것이다

술의 의식

달의 기운을
거부할 수 없는 시간
하루를 세례 하는 의식이 시작된다

미련 떠는
생각이 잔을 채우고
잊지 못한
기억이 술을 비운다

붙잡고 싶은
그리움이 잔을 채우고
지우고 싶은
외로움이 술을 비운다

다 마시지 못한 술 향기가
벽을 타고 오르니
모가지는 무희가 되어
해탈된 살덩이를 부여잡고 흐느적거린다

술잔이 쓰러지고
달빛이 넘어진다
하루의 의식이 의식 없이 끝난다

생각의 다름과 틀림

봄날의
잔설처럼 생각이 녹는다

나는
네가 될 수 있다고 생각하고
너는
내가 될 수 없다고 생각한다

모두가
박수 쳐 준다
생각이 다른 것이다

한겨울의
고드름처럼 생각이 굳는다

나는
네가 될 수 없다고 생각하고
너는
내가 될 수 있다고 생각한다

모두가
손사래를 친다
생각이 틀린 것이다

마음의 촛불을 켜라

삶이
답답하고
뒷걸음질 칠 때

나직이
눈을 감고

한 줄기 빛조차 들지 못한
마음에
촛불을 켜라

그 촛불이
눈동자에 맺히고
촛농이 흘러
눈물이 될 때까지

또다시 월요일 출근한다

진주 같은 땀방울을 캐며
닷새 갈이를 마친
커튼콜의 토요일 휴식

그리고
쉼 더하기
쉼으로
파리한 안식을 얻은 일요일을 박차고

물 먹은 솜이불 같은 몸뚱이로
빨래할 틈도 없이
탈수할 틈도 없이

지문 인식을 위해
얼굴 인식을 위해
애타게 기다릴 의자를 위해

손을 모시고
얼굴을 모시고
엉덩이를 모시고

커피와 키스하는
설레임에
또다시 월요일 출근한다

용서

백록담에
못이 파이고 박힌다

다시는, 뽑지 않으리
깊고 깊은
그 못에, 절대로 물을 채우지 않으리

노루는
내려오지 못할 것이다

세월이 봄눈처럼 녹아
꽃 피고, 또 꽃 피고
다시 꽃 피어

백록담에
꽃잎 한 장, 또 꽃잎 한 장
다시 꽃잎 한 장 묻히니
깊고 깊은
그 못이 물에 잠긴다

노루가 내려와
그 꽃물을 먹는다
박힌 못이 흔들거린다

사랑한 타인에게 돌아가고 싶다

빨랫줄에 앉은
빨래가 날개를 퍼덕이며
자유를 만끽한다

타인의 몸을
타인의 마음을 사랑한
해방의 기쁨이다

허공의 숨결을 흠뻑 느끼며
자유로운 영혼으로
그 누구에게도 구속되지 않는 날갯짓이다

저녁 그림자가 산모퉁이를 돌고
햇살의 온기가 사라지니
별들이 찬 서리에 언다

빨랫줄에 앉은
빨래는 날개를 잃고 굳어
몸에 시린 뼈가 돋는다

사랑은 자유의 한계를 넘지 못한다
어느새 타인이 그립다
타인도 늘 그렇게 나를 걸 치고 살았을 것이다

어서
햇살 머금고
사랑한 타인에게 돌아가고 싶다

새해 아침에

아기 얼굴에
새해 아침이 솟는다

눈 찡그리며 넘어지지 않으려는
아기 걸음마에
우리 모두 손뼉 치며
새해부터 웃는다

새해는
아기의 걸음마처럼
새로운 세상

새롭게 시작하면
새 꿈이 된다
새롭게 마음먹으면
새 삶이 된다

새 마음으로
새해 아침을 시작한다
새 다짐으로

밝은 마음으로
새해 아침을 시작한다
맑은 사랑으로

하얀 마음으로
새해 아침을 시작한다
푸른 희망으로

아기 얼굴에
새해 아침이 솟는다

고드름

바람을 품고
눈이 녹는다

햇살을 품고
얼음이 녹는다

눈이 자기를 버리고
얼음이 우리를 버리니

큐피트 화살이
처마 끝에 매달린다

눈이 바람을 버리고
얼음이 햇살을 버리니

날카로움으로 꽉 찬
고드름이
아이 입속에서 스르르 녹는다

해 설

삶의 수채화를 그리며

해설

삶의 수채화를 그리며

- 시터지기 시집 『생각은 꽃처럼 아름답다』 -

오 기 수
시인·사서·조세사학자(경영학박사)

1. 삶의 계절 속으로

시 쓰기는 삶과 사물의 본질을 들여다보고자 하는 고뇌에서 출발한다. 그 본질은 일상적인 인식 너머에 존재하는 것이므로 평소와는 다른 방식으로 대상을 지각하는 것이 요구된다. 독일의 대문호 요한 볼프강 폰 괴테는 "눈물 젖은 빵을 먹어보지 않은 사람은 인생의 참다운 의미를 모른다"라는 명언을 남겼다. 우리에게는 "눈물 젖은 빵을 먹어보지 않은 자와는 인생을 논하지 말라"라는 말로 더 잘 알려져 있다. 이 명언은 괴테가 1796년에 발표한 소설 『빌헬름 마이스터의 수업시대』의 제2권 제13장에 수록된 네 개의 '하프 타는 노인의 노래'의 시 중 하나인 「눈물 젖은 빵을 먹어보지 못한 사람은(Wer nie sein Brot mit Tränen aß)」에 나오는 것으로 그 내용을 다음과 같다.

> 눈물 젖은 빵을 먹어본 적이 없는 사람은
> 밤을 지새워본 적이 없는 사람은
> 자기 침대에 앉아 울면서 밤을 지새 운 적이 없는 사람은
> 그런 사람은 눈물을 모른다오, 눈물은 신의 선물
>
> 눈물은 우리를 삶으로 인도하는가 하면
> 눈물은 나약한 사람을 죄를 짓게도 하고 고뇌에 빠지게도 한다네
> 모든 죄는 이 세상에서 벌을 받게 하노니
> 이것도 다 죄의 벌이라네

「눈물 젖은 빵을 먹어보지 못한 사람은」 전문

소설 속 하프 타는 노인은 귀족 출신으로 과거 누이동생과의 근친상간의 죄책감으로 인해 세상을 등지고 떠돌다가 주인공인 빌헬름, 미뇽 그리고 연극단원들을 만나 함께 다닌 인물이다. 하프 타는 노인은 평소에는 말이 없고 침묵하지만, 노래를 통해서 다른 사람들에게 자신의 내면적 감정을 전달한다. 특히 주인공 빌헬름과는 깊은 정신적인 감정의 교감을 나누는 인물이다. 이 시는 빌헬름이 필리네와의 미묘한 관계 속에서 동료들과의 언쟁으로 인한 답답한 마음을 위로받기 위해 여인숙에서 머문 노인을 찾아갔을 때, 노인이 방에서 하프를 타며 부른 구슬픈 노래다. 이 노래는 노인이 사랑했던 여인이 자신이 어렸을 때 헤어진 누이동생이라는 사실을

알게 된 후 자신을 죄인으로 만든 신을 탓하며, 가혹한 운명의 장난으로 인한 괴로움에 시달리는 운명론적인 곡절을 담고 있다. 다음 저자의 시 「무곡(無谷)」은 하프 타는 노인의 삶처럼 그 모양과 깊이는 다르겠지만 우리들의 굴곡진 삶을 이야기한 것이다. 여기서 삶의 '굴곡'은 바로 '눈물 젖은 빵'을 표현한 것이라 할 수 있다.

계곡 없는
산이 어디 있으며

굴곡 없는
삶이 어디 있으랴

산은 계곡에 붙들려
꽃을 피우고

삶은 굴곡에 붙들려
꿈을 피우네

바람이 산을 감싸니
삶은 요동치고

구름이 계곡을 감추니
삶은 허무하지만

산은
계곡 없이
더 높을 수 없고

삶은
굴곡 없이
더 꿈꿀 수 없네

「무곡(無谷)」 전문

이 시에서 "굴곡 없는 삶이 어디 있으랴"는 "눈물 젖은 빵을 먹어본 적이 없는 사람"이 없다는 말이다. 사람들에게는 다양한 삶의 굴곡이 있다. 저자는 자신이 겪은 삶의 굴곡을 뒤돌아보면서 사유와 반성을 통해 다시 한 번 깊은 깨달음을 얻고, 자신 삶을 긍정적으로 뒤돌아보고자 한 것이다. 여기서 '계곡'은 시각적 대상을 통해 삶의 '굴곡'을 나타낸 것이다. 산에는 어김없이 계곡이 있고 그 계곡 근처에는 많은 풀과 꽃들이 자라고 있다. 이는 "삶은 굴곡에 붙들려/꿈을 피우네"처럼 사람도 살면서 힘들고 어려운 수많은 역경을 겪으면서 기쁨과 성공을 맛보는 것이다. 산이 바람과 구름을 떠나서 존재할 수 없듯이, 사람 역시 살면서 삶의 바람과 구름을 떠나서 살 수 없다. 자연적인 이치로 "산은/계곡 없이/더 높을 수 없"듯이 "삶은/굴곡 없이/더 꿈꿀 수 없"다는 저자의 자조적 결론을 노래하고 있다.

2. 삶의 갈등을 벗으려면

시인은 한 편의 시를 완성해 가기 위해 끊임없이 머릿속으로 상상의 이미지를 풀어낸다. 이때의 상상력은 막연하게 창작자의 머릿속에서 풀어내는 것도 있겠지만, 대부분 사전에 인지되었거나 과거 체험했던 영역을 토대로 풀어내는 것이다. 하지만 그 경험을 그대로 재현하는 것은 상상과는 거리가 멀다. 경험의 재현이나 경험의 재구성을 통해 새로운 것을 만들어내야 그것이 상상이라 할 수 있다.

우리는 늘 저자 자신으로부터 시작된 '생각 차이'로 인한 갈등에 직면하면서 살고 있다. 또한 우리는 나와 관계를 맺고 있는 사람들과의 생각 차이 즉, 다름으로 인해 늘 충돌하며 살아가고 있다. 이때 갈등은 서로 다른 견해와 대립관계에 있는 많은 사람들이 갖는 지각으로, 차별적 견해 또는 대인관계의 부조화로 인식된 것이다. 이는 삶에서 가장 흔하면서도 치명적인 번뇌가 되기도 한다. 그런데도 우리 사회는 점점 심화된 생각 차이로 인해 갈등과 충돌의 골이 깊어지고 있다. 매스미디어와 SNS의 시대인 지금 아는 지식이 많으면 많을수록, 참(?)이 많으면 많을수록 갈등이 더욱 깊어지고 있다. 다음 저자의 시 「생각은 꽃처럼 아름답다」은 우리 사회의 서로 다른 생각으로 인한 갈등의 간극을 조금이나마 줄였으면 하는 마음에서 썼다. 저자 자신부터 '생각의 다름'을 서로 인정해야 한다는 고민에 시달리면서 말이다.

생각은
꽃처럼 아름답다

꽃을 찾는
벌과 나비의 생각은
날갯짓처럼 자유롭다

생각이 같아
함께하고
생각이 달라
미워하면

벌과 나비의
날갯짓은
영원히,
별빛 너머로 사라진다

「생각은 꽃처럼 아름답다」 전문

물론 이 시가 추구하는 바에 동의하는 독자들이 있겠지만 고개를 갸우뚱한 사람도 있을 것이다. 저자의 이야기가 독자에게 공감되기를 바라고 이를 통해 위로받기 바라지만 독자의 생각은 시인의 생각 이상인 경우가 많기 때문이다. 그것은 긍정적이건 부정적인 건 독자의 자유다. 이 경우 저자는 독자의 감상을 존중하고 그에 반하여 생길 다양한 해석을 받아들일 수 있을 것이다.

이 시에서 "생각은/꽃처럼 아름답다"란 말은 생각의 다양성을 서로 인정하자는 뜻이다. 특히 세대 간의 갈등이나 집단적 갈등이 심화되고 있는 지금의 현상과 풍토에서 꼭 필요한 말이라고 본다. 사람들의 생각이 "꽃을 찾는/벌과 나비의 생각은/날갯짓처럼 자유롭"기 때문이다. 이 시의 결론은 "생각이 같아/함께하고/생각이 달라/미워하면//벌과 나비의/날갯짓은/영원히,/별빛 너머로 사라진다"고 한 것처럼, 생각의 다름으로 인한 갈등을 줄였으면 하는 것이다.

생각의 다름이 마치 전쟁터에서 적과 아군을 가르는 경계로 인식하는 경향이 우리 사회에서 쓰나미처럼 밀려오고 있다. 세상에 존재하는 그 많은 꽃의 모양이나 향기가 다르지만, 그저 꽃이라고 부르는 것처럼 우리의 다른 생각이 그저 꽃과 같은 '생각'으로 인정되었으면 한다.

3. 삶의 모티브인 사랑이란

시는 일상의 산물이다. 시 쓰기가 시인의 창조적인 자기표현의 형태라고 전제한다면, 그 일상의 삶은 시의 텃밭이다. 오늘날 산업사회의 일상적 삶은 규칙성과 반복성이 지배하고 있어 공허감·권태감·무기력이 그 바탕을 이루고 있다. 이런 상황 속에서 사람들은 심리적 불안감과 긴장감을 잠시라도 덜어내기 위해 수많은 말들을 끊임없이 쏟아내고 있다. 이러한 말들을 좀 더 승화시켜서 함축된 글로 남기는 것이 바로 시라고 생각한다. 그래서 본 장에서는 어머니와 하루살이의 사랑 이야기를 하려고 한다.

우리는 사랑을 말하면 '연인' 간의 사랑을 제일 먼저 떠올릴 것이다. 하지만 사랑의 원초는 어머니로부터 라고 생각한다. 어머니는 우리의 영혼이 지쳤을 때 가장 편안하게 쉴 수 있는 안식처이다. 사랑과 희생이라는 요체들을 모두 담고 있는 존재가 바로 어머니이며, 어머니는 우리의 둥지이자 우리에게 날개를 달아준 인생의 항구이다. 누구나 이런 어머니와 함께했던 삶이 공유된 정서라 할 수 있는데, 특히 어머니라는 존재는 유년기의 자식에게 커다란 영향을 준다. 어머니와 함께한 유년 시절의 기억은 우리의 영혼을 맑게 해주며 인간의 감정을 순화시킨다. 그래서 유년 시절에 대한 어머니의 재인식은 좌절감과 불안감을 이기고 자기 극복의 의지를 갖게 하며, 삶의 의미를 회복시켜 주는 근거가 되는 것이다.

나이가 들어 갈수록 '어머니'란 단어만 떠올려도 목이 메고 눈시울이 젖는다. 어릴 적 보아온 어머니의 모습이 나이가 들어갈수록 더욱 아련해진다. 삶의 질곡 속에서도 인자한 어머니의 가난한 모습이 선하다. 다음 저자의 시 「민들레꽃 되신 어머니」는 궁핍한 현실을 헤쳐 나가신 그러한 어머니의 고단한 모습 그린 것이다.

노오란 수건 쓰시고
그 색이
햇살에 지칠 때까지

허리에 목을 고이 감추시며
밭을 매시던
어머니

어느덧
푸석해진 흰머리 날리며

노을 깔린 신작로에 나와
도회지로 간 자식 그리워
소맷자락으로 눈물 지우시던
어머니

이제는
연지곤지 지운
민들레꽃 홀씨 되어

꿈 없는 꿈
길 없는 길을 떠나신
어머니
어머니……

「민들레꽃 되신 어머니」 전문

이 시에서 "노오란 수건 쓰시고/그 색이/햇살에 지칠 때까지//허리에 목을 고이 감추시며/밭을 매시던/어머니"는 전형적인 어릴 적 어머니의 모습이다. 이제 생각하면 그렇게 젊다 못해 어리고 예뻤던 어머니는 늘 헤어진 수건을 쓰시고 허리가 땅에 묻히도록 고개를 숙이고 밭을 매셨다. 하지만 어머니의 품을 떠나 도회지에서 직장을 잡고 결혼해 살 즈음의 어머니는, “어느덧/푸석해진 흰머리 날리며//노을 깔린 신작로에 나와/도회지로 간 자식 그리워/소맷자락으로 눈물 지우시”며 자식들을 기다리고 기다리셨다. 그리고 ‘힘드니 내려오지 말라’는 어머니의 말씀을 청개구리처럼 참말로 여기던 그 어느 날, 어머니는 “이제는/연지곤지 지운/민들레꽃 홀씨 되어//꿈 없는 꿈/길 없는 길을 떠나”시고 말았다. 그리고 정말 이제는 보고 싶다는 말조차 할 수 없는 세월이 흘렀다. 어머니 사랑합니다!

4. 아침 햇살보다 짧은 젊음에게

인간의 삶에 있어서 가장 많이 회자되는 말이 사랑일 것이다. 그리고 청춘과 젊음에 대한 그리움의 이야기일 것이다. 하지만 그 많은 사랑 이야기도 거의 젊음 속에 포함된다고 해도 과언은 아닐 것이다. 젊음은 인간에게 있어서는 절대적인 황금기이기 때문이다. 그런데 100세 시대인 지금 그 젊음은 더 단축되고 있는 것 같다. 물론 생물학적으로는 당연히 청춘 시절이 늘어나고 있지만, 청년들이 그 젊음을 누리지 못하고 있다.
아무리 “노세노세 젊어서 노세” 하여도, 지금 시대의 젊음은 더 힘들고, 더 고단한 시대이다. '열심히 노력하면 언젠가 성공할 수 있다.'라는 말은 단지 기성세대의 상식에 불과했다고 한다. 열심히 노력해도 성공할 수 없는 시대에 살고 있다. 죽을힘을 다해 열심히 노력해도 취업이나 연애, 결혼 등 어느 것 하나 제대로 이루지 못하는 청년이 갈수록 늘어난다. 희망이 보이지 않는 암울한 시대에 어떻게든 살아내야 하는 젊은 세대는 "어떻게 해야 할지 모르겠다"고 외친다. 그래도 다음 저자의 시 「목련꽃에게」처럼 말하고 싶다. 사람들은 봄날 꽃피운 목련꽃에게 얼마나 따스한 눈길을 보내며 애찬하는가! 한겨울 추위를 이겨내고 잎이 나기 전 피어오른 꽃봉오리는 참으로 숭고함마저 든다.

가진 것을 허무하게 만든 겨울
더 이상 잃을 것 없는
메마른 가지들

이파리를 뿌리에 감추고
정말 아무것도 없이, 꽃피운
목련꽃은
젊음이 메고 가야 할 아름다움이다

푸르름이 무성한 흐름
더 이상 바랄 것 없는
넉넉한 가지들

뿌리를 기억하지 못한
이파리로 꽉 찬
목련은

눈길 없는
발자국 없는
그림자들만이 한가로운
삶의 뒤안길이다

「목련꽃에게」 전문

저자는 목련꽃의 꽃봉오리를 젊음이라고 생각하였다. 겨우내 메마른 가지를 보면 생명이 없는 것처럼 보인다. 삶의 추위는 "가진 것을 허무하게 만든 겨울/더 이상 잃을 것 없는/메마른 가지"를 만든다. 하지만 모진 추위를 이겨내고, 그 아름다운 꽃봉오리를 터뜨릴 때 우리는 환호한다. 젊은 날의 고통을 견디어 내야 할 이유다. 저자는 이러한 모습 속에서 "이파리를 뿌리에 감추고/정말 아무것도 없이, 꽃피운/목련꽃은/젊음이 메고 가야 할 아름다움이다"라고 생각했다. 목련꽃 같은 젊음을 갈구하라고 말하고 싶다. 아무리 힘들고 어려워도 젊음의 꽃은 반듯이, 기필코 피워야 한다. 하지만 그 목련꽃도 꽃지고 잎이 무성해지면 다음 봄이 올 때까지 그 누구도 돌아보지 않는다. 저자는 인생의 풍요로움 속에서 이것을 느꼈다. 그래서 "뿌리를 기억하지 못한/이파리로 꽉 찬/목련은/눈길 없는/발자국 없는/그림자들만이 한가로운/삶의 뒤안길"이라고 생각한 것이다. 비록 젊음이 그토록 힘들었어도, 그 젊음을 뒤로한 인생은 젊음의 그림자로 그 시절을 그리워하며 살아가기 때문이다.

5. 삶의 꼬투리가 영근다

이 시집 '해설'의 첫머리를 괴테로 시작했기에 괴테의 시로 마무리 짓고 싶었다. 1775년은 괴테에게 힘든 한 해였다. 한편으로는 4월 약혼식을 올린 릴리 쇠네만과의 불안했던 관계 때문이었고, 다른 한편으로는 1774년에 발표된 『젊은 베르테르의 슬픔』이 전 유럽에서 성공을 거둔 후 자신에게 몰려드는 관심으로 자신의 변호사 업무와 좋아하는 문학 활동을 병행할 수 없는 상황에 빠져 주변 사람들과의 불편한 관계가 형성되었기 때문이었다. 그래서 괴테는 5월과 7월에 걸쳐 스위스 여행을 다녀왔고, 가을이 되자 고향을 떠나서 갈등으로 가득 찼던 시간과 어느 정도 거리를 둘 수 있는 기회의 순간이 찾아왔다. 무엇보다도 약혼녀 릴리를 사랑하지만, 그녀 주변의 환경과 가족의 반대 사이에서 괴테가 방황했던 흔적은 슈톨베르크 백작 부인에게 보낸 편지들에서 찾아볼 수 있다. 다음 시 「1775년 가을에(Im Herbst 1775)」는 괴테가 이런 배경에서 쓴 작품이다.

쌍둥이 포도송이들아, 익어라
더 빨리 그리고 더 굵게 반짝이며
너희를 어머니 태양의
이별 눈빛이 품고, 다정한 하늘이
너희가 가득 결실을 맺도록
주위에 바람이 살랑이게 한다.
마술 같이 다정한 달의 입김이
너희를 시원하게 해주고

그리고 너희를 이슬 맺게 하는 건, 아아!
이 눈에서 흐르는
영원히 활기를 주는 사랑의
잔뜩 부풀어 오르는 눈물들이네.

괴테의 시 「1775년 가을에」 일부

이 시에는 사랑과 고통은 함께 한다는 사실을 깨달음으로써 더 이상 사랑의 미로 속에서 방황하지 않고, 이별로 인한 아픔을 기꺼이 감내하면서 자신의 길을 가려는 의지를 나타내고 있다. 저자는 괴테와 같은 시성(詩聖)에는 감히 비길 수는 없겠지만 누구나 가을의 느낌은 비슷하게 느낀다고 본다. 더구나 인생이 황혼에 젖어 들면 더욱 그러할 것이다. 다음 저자의 시 「가을 미소가 영근다」는 이러한 가을의 느낌을 담은 것이다.

느낄 듯 말 듯
조금은 서늘한 강바람

순간
비집고 들어오는
따사로운 햇살

아 좋다!
바람과 햇살이 부둥켜안으며
반짝이는 물결

향기 물씬 나는

강가의
올망졸망한 노오랑 들국화

가을을 재촉하듯
윙~~~
윙~~~
국화꽃에 날아든 꿀벌

그 곁에서
가을보다 더 익어가는
그 남자!

나도 모르게
눈가에
가을 미소가 영근다

「가을 미소가 영근다」 전문

우리는 살면서 겨울이 오기 전에 가을을 누리는 삶이 얼마나 큰 축복인지를 느꼈으면 한다. 어느 경우 삶 가운데 가을 없이 겨울 추위를 맞이한 사람들이 우리 주변에 적지 않게 있을 것이다. 가을을 느끼며 바라볼 수 있는 마음이야말로 삶의 꼬투리에 맺힌 행복이라 할 것이다. 저자는 어느 가을날 아침 강변을 걷다, "느낄 듯 말 듯/조금은 서늘한 강바람"에 그냥 가을 먹었다. 그 "순간/비집고 들어오는/따사로운 햇살"과 감탄사가 절로 나는 "아 좋다!/바람과 햇살이 부둥켜안으며/반짝이는 물결", 그리고 가을 "향기 물씬 나는/강가의/올망졸망한 노오랑 들국화"에 모여든 "가을을 재촉하듯/윙~~~/윙~~~/국화꽃에 날아든 꿀벌"들에게 마음 빼앗겼다. 그 풍경에 물들면 누구나 다 시를 읊고 싶었을 것이다. 그 때 저자의 모습은 "그 곁에서/가을보다 더 익어가는/그 남자!//나도 모르게/눈가에/가을 미소가 영"글었다. 물론 서툴고 가난한 마음이 꽉 찬 가을을 한 망태기에 담기는 역부족이었다.

생각은 꽃처럼 아름답다

인쇄 2025년 11월 10일
초판발행 2025년 11월 10일
지은이 오기수
펴낸곳 도서출판 어울림
펴낸이 허병관
출판등록 제 2-4071호
주소 서울시 영등포구 양평동3가 14번지 이노플렉스 1301호
전화 02-2232-8607, 8602
팩스 02-2232-8608
전자우편 http://www.aubook.co.kr
디자인·제작 (주)보림에스앤피
정가 15,000원
ISBN 978-89-62399-86-8

*잘못된 책은 구입한 곳에서 교환하여 드립니다.